AF186904

zum Text:

2020 erschien der dritte Band mit Lyrik von Engelbert Manfred Müller unter dem Titel „Der Ewige Webstuhl". Der Autor hat aber auch schon als Jugendlicher Gedichte geschrieben, in den Jahren 1956 bis 1961. Diese Jugendgedichte werden in diesem Büchlein zusammengestellt, in alphabetischer Ordnung und in der originalen Rechtschreibung von damals

zum Autor:

Engelbert Manfred Müller, 1940 geboren, in Köln und Leverkusen aufgewachsen, war 40 Jahre als Lehrer an Volksschulen, Hauptschulen und Gesamtschulen tätig. Davon verbrachte er 9 Jahre an Schulen in Chile und Mexiko. Nach seiner Pensionierung 2003 tauschte er sein jahrelanges Malhobby gegen das Schreiben ein.

Engelbert Manfred Müller lebt in Bergisch Gladbach und ist Mitglied des dortigen Autorenvereins „Wort und Kunst". Neben mehreren Bänden mit Erzählungen, einem Band mit Aphorismen, einem Roman und einem Band mit Reiseberichten hat er 3 Bände mit Gedichten veröffentlicht: „Flechtenblüten", „Spätlese im Halbschatten" und „Der Ewige Webstuhl".

Engelbert Manfred Müller

Jugendgedichte

(verfasst in den Jahren 1956 bis 1961)

Bei der Gestaltung der Titelseite wurde ein Foto des Autors
verwendet.

Bibliographische Informationen der Deutschen Nationalbibliothek:
Die Deutsche Nationalbibliothek verzeichnet die Publikation
in der Deutschen Nationalbibliographie, detaillierte bibliografische
Daten sind im Internet über http:/ dnb.dnb.de abrufbar.

© 2020 Engelbert Manfred Müller
Herstellung und Verlag:
BoD – Books on Demand Norderstedt

ISBN 9 783751 994361

An den Wind

Ach, Wind, ich hör dich rauschen
durch volles Laub im Flug;
ach, deinem kühlen Zug,
könnt ich ihm ewig lauschen!

Erwacht bin ich aus Träumen,
wo stets dein Rauschen tönt,
in Linden vor dem Fenster,
von Blütenduft verschönt;
in gelbem Heideginster
und in den goldnen Ährenwogen
wie in des dunklen Waldes Bäumen
und in des Himmels weitem Bogen.

Wo du nach drückender Gewalt
der weißen Mittagsglut
das schwergewordne Blut
erquickst mit neuer Stärke;
und nach getanem Werke
am Abend in den Schlaf mich singst,
erzählend von der Kraft, die bald
zu neuer Tat du bringst.

Ach, Wind, ich hör dein Singen
von jenem schönen Land,
das ich noch niemals fand.
Wirst du mich zu ihm bringen?

Es ist so fern, unendlich weit,
o Wartezeit, o lange Zeit!

Du aber bist in den ziehenden Wolken,
in Bäumen und Blumen,
deren Blätter du regst:
in den Locken der Kleinen,
deren Haar du bewegst
und den Herzen der Großen,
deren Takt du noch schlägst.

Auch ich hör dein Rauschen,
dein Singen im Flug,
ich seh dich ziehen im Vogelflug.
Ach, könnt ich dir ewig lauschen!

(August 1958, bei Amberg)

Blaß steht Laternenschein;

einzeln jedes Licht.
Der Tag will nicht weichen,
die Nacht traut sich noch nicht.
Am Himmel kein Zeichen,
das Regen verspricht.

Die Luft zittert leise,
vor Bangen und Zagen,
die Krähen ziehn Kreise.
Die andern nur schlagen,
Schwarzdrossel und Meise,
in Angst vor den Schatten,
die Flügel, die matten.

(Juni 1958)

Brütend war der Tag;

Schwerer Sonnennebel dicht
Umhüllte grünes Gras.
Auf dem Zaunpfahl saß
Dunkles Krähenpack;
Heisers Schrein die Luft durchbricht,
Flatternd scholl der Flügelschlag.

Blutend ging der Tag
Unter hinterm Fluß;
Stehen blieb nur Feuer,
Und am Bache, nicht geheuer,
Glühn die toten Weidenköpfe.
Doch der Schatten fällt wie Ruß,
Deckend, was im Feuer lag.

(April 1958)

8

Dämmerung im Herbst

Zur Stunde, da die Symphonie des Tages
noch ihre großen Schlussakkorde spielt,
dieweil im Schatten schon die Dirigentin
mit dem weiten Mantel wartet,
zur Zeit, da Dämmerlicht noch Duft von
Gartenfeuern atmet
und Luft noch nicht das kühle Blau des
Eismeers trägt,
um diese Zeit, bevor die schwere Decke fällt,
in dieser Stunde eines Abends,
der erstaunlich lange mild
gewahrte ich auf Sträuchern und zwischen
schattenhaftem Haus und Baum
leichtes, seidiges Samtgewebe
von einer Farbe, die Tiefe und das
Unbekannte
mit Sehnsucht und Gefahr erfüllt
und alle Dinge wirft in einen Becher voll mit
Wein,
der die Begrenzungen der Dinge aufhebt
und sie verwebt zu einem Stoff,
der zu den Sternen reicht.

Das Lied vom Seelchen

O taumel, Seelchen, links kopfüber,
kichernd und kollernd, an Ästen dich stoßend,
im Purzelbaum rasend und gleitend und
stürzend
und segelnd und schüttelnd,
und heul' in den Sturmwind dein Elend
hinaus,
und horch offnen Mundes, und lach dich dann
aus,
brüll schallend und gellend die Lächerlichkeit,
und halte dann ein und schlürfe den Wein
mit bösem Behagen, schwarzgalligen,
dunkelroten,
und lach einmal bitter, mal höhnisch, mal
zynisch,
sarkastisch und drastisch,
und flattre hinüber ins Feldschollengrau,
und lieg und sei stumm
und nichts ringsherum
und in dir die Leere, graugähnende Leere,
die plötzlich, o Schrecken, zu wachsen
beginnt,
und anschwillt und dick wird in deinem
Gehirne,
bis sie ein Holzklotz, ein kantiger Holzklotz,
den du rausreißen möchtest,
weil er lästig dir scheint,
doch beginnt er dann plötzlich

mit heftiger Wut die Kanten zu drehen,
deine Wundheit zu schneiden, zu reißen und
beißen,
und fängt an zu schreien,
wie besessen zu schreien,
daß du jammernd davonläufst in verbissener
Wut
gradewegs in den Weg einem liebenden
Pärchen,
und der Bräutigam hascht nach dir,
wirft dich achtlos dann fort und der Absatz
der Liebsten
tritt dich kreischend entzwei
just beim Schmatzen des Kusses,
und dann liegst du betäubt,
einmal hier und halb dort,
bis ein plötzlicher Windstoß
das zerrissene Seelchen
auf einmal dann hochreißt und es hierhin und
dorthin,
weit weg verstreut,
und es singt jedes Fetzchen
vom zerrissenen Seelchen
das irrsinnge Liedchen:
O taumel, mein Seelchen, links kopfüber,
kichernd und kollernd, ins Feld hinüber!

(Oktober 1960)

Die Fliege

Nun ist sie da,
ganz plötzlich da.
Woher sie kam?
Ich weiß es nicht.
Sie fliegt ins Licht
aus dunkler Ecke;
sie nippt am Rahm
und fliegt zur Decke.

Nun sitzt sie dort,
ganz einsam dort.
Was sie wohl will?
Ich weiß es nicht.
Nur flink sie wischt
sich ihre Glieder –
dann ist sie still –
dann wischt sie wieder.

Wozu sie ist?
Woher sie ist?
Wer`s wissen will,
der schau sie an.
Er sieht sodann
am Köpfchen klein
die Äuglein still
und tief und fein,
die wohl verstehn,
woher sie sind,

wohin sie gehn.

(März 1958)

Du kommst aus einer Welt,
die nicht die meine ist,
gehörst nicht zu den Wesen,
die sonst mir Glück verhießen,
die, dunkeläugig und mit
schwarzem Märchenhaar,
als Boten gleichsam mir
des Reichs erschienen,
das als die ferne Heimat stets mir galt,
der ich die Treu' zu wahren
hatte durch ein lautes Leben,
die Treue diesem Land der Stille
und des Sanges.

Du bist ein Kind der Sonne,
die mich blendet
und die Augen schließen läßt,
der Sonne, die da dröhnt und lärmt
mit ihren Kindern um die Wette,
der Sonne, deren grelles Licht
die Kanten aller Dinge sichtbar macht.
Du bist ein Kind der Sonne,
trägst auf deinen Lippen das laute
Sonnenlachen,
ein Kind der Sonne...
Seltsam!

Seltsam, war doch unter
allen diesen dunklen Feen nie eine,
die mich so mit Macht ergriff.

Und niemals drehte ich mit einer
mich so im Tanze wie mit dir,
und war noch nie so schmerzhaft glücklich
wie damals, als ich einen
ganzen Abend lang
der Sonne Seligkeit im Arme schwang.

Entscheidung

Einmal ging mir der Gedanke auf
Von staunenswerter Vorsichtsführung;
Es traten da in meinem Lebenslauf
Zur rechten Zeit just in Berührung
Mit meines Geistes und Gemütes Streben
Gestalten, die den Blick zum Ziel mir heben.

Stets dann, wenn frische Kräfte in mir
stauten,
Die alte, flache Berge mieden,
Nach unbekannten steilen Pfaden schauten,
Im Ziele jedoch unentschieden,
Dann wiesen sie, zwar kurz, mit sichrer Hand
Jedoch, die Richtung in das neue Land.

Nun aber will es oft mir scheinen,
Als seien diese Engel ganz verschwunden,
Als gäb` es, der die Ordnung brächte, keinen;
Ich müßt` denn selbst, im Kampf, mit vielen
Wunden,
Wollt` ich nicht endlos mich verwirren,
Mit tapfrem Schwert den Knoten mir
entwirren.

(September 1959)

Ermunterung

Pomphaft rauschen vorbei,
Wie aufgeputzte Masken
Die Menschen der Menge.
Und im Gedränge
Scheinen die schimmernden Masken
Auch golden im Innern zu sein.

Doch lüpfst du ein wenig den Rand
Nur des hüllenden Mantels,
Dann zittern sie gleich,
Werden rot oder bleich,
Als ständen sie bloß des Mantels,
Von Kälte und Scham übermannt.

Unmöglich ist es daher,
Soll auf der Stelle nicht fassen
Die eisige Kälte dein zagendes Herze,
Den deckenden Vorhang zu lassen,
Bevor du entzündest die wärmende Kerze.
Wohlan denn, suche das Holz und das Feuer!

(Oktober 1958)

Frage

Sag mir, du mit den tiefen
Augen, die sogleich ans Herz
mit Zaubermacht mir rührten,
sag mir, wohin sie liefen,
die Gedanken dein, ob Scherz,
ob Ernst im Schild sie führten,
als du, verstohlen, glaube ich,
gleich mir, im Blick des andern
suchtest – dich!

(August 1960)

Herbsttraum

Du warst es, die die kahlen Bäume,
des Herbstes Sturmwind Beute, mir
mit frischem Blätterkleid bekränzte,
die des düstern Himmels Räume
und der Traurigkeit Panier
mit hellem Sonnenstrahl beglänzte
und ein sinnlos Heut und Morgen,
an die nur Ketten der Gewohnheit binden,
wandelte aus grauen finstern Sorgen
in lichten Weg und Duft von Linden.

Du warst's, in deren Sternenaugen
ich Gottes hehren Thron geschaut
und weißer Engel Jubelscharen,
die all dein holdes Antlitz trugen
und mit deiner Stimme Laut
dem Heiligen zum Lobpreis waren
und mit deiner süßen Lippen
Korallenfarbenglanz Hosanna sangen
und mit deinen Alabasterhänden
im Harfenspiel Ihm Gloria klangen.

Du warst's, die kurze Zeit der Weiden
Düsternis in frohes Tanzen brache,
du warst's, die eine Welt voll Leiden
zu einem Paradiesesgarten machte.
„Du warst es, warst es," seufzt in meinen
Ohren traurige Vergangenheit.

„Ich bin es, bin es, dem in seinen
Stunden leuchten wird für lange Zeit
nur Wintersonne fahle Einsamkeit." 61)

(Dezember 1961)

Im Hochwald

Lockende, schmeichelnde Stimmen steigen
Aus dunklen Waldestiefen,
als wenn dort, tanzend im lustigen Reigen,
die Zwerge mich zu sich riefen.

Als lüden sie ein zum berauschenden Wein,
zum süßen Festtagsmahle,
beim hurtigen Tanze zu schwingen das Bein
im prächtigen goldenen Saale.

Von rechts jedoch fährt mir ein fröhlicher
Wind
durchs schweißnasse Haar geschwind,
verweht die Schwüle der Stirne im Flug
und lenkt den Blick hinauf zu den Bäumen,
zum duftigen Wolkenzug,
und mahnt mich, nicht länger zu säumen.

(August 1958 im Veldensteiner Forst)

Im Hohlweg

Wundersam umfängt mich dein Duft,
Hohlweg, voll blühender Pflanzen!
Schwarz dräut oben die schwangere Luft,
Mückenschwärme tanzen.

Doch in deinem bunten Garten
voll Weidenröschen, Engelwurz,
da möcht' ich lange warten
auf den drohenden Wolkensturz.

Da möcht' ich im Grase liegen,
lauschen dem Vogel im Strauch.
Da möcht' ich im Traume fliegen
hinüber auf sanftem Hauch.

Hinüber, über die Dornenhecken,
die tiefen, dunkelroten,
die sonst mich mit garstigen Stacheln
necken,
in den Garten, der sonst stets verboten.

(August 1958 Bei Hohenstein, Fränkische
Schweiz)

Im Park

Zarte Birkenblätter zittern leis im Winde,
Atmen froh des Frühlings linden Hauch,
Sanft liebkost von jungen Sonnenstrahlen
Und verbrämt mit Goldenregenstrauch.
Frisches Wasser füllt die Brunnenschalen,
Selig liegt der Parkweg da im Blütenduft der
Linde.

Mächtger greift auch mich der Sang von
einem Tag zum andern,
Kraft und Mut durchströmet Herz und Glied,
Auf schwingt sich mein Sinn in blaue Ferne.
Grünem Busch entsteigt der Amsel Lied,
Ihrem Lockruf unterlieg ich gerne,
Schnüre flugs mein Bündel und ergreif den
Stab zum Wandern.

(April 1958)

Immer

Beide, von allem verlassen;
Aber jeder verblieb mit etwas vom anderen.
Ich, mit einem Krug aus Lehm.
Sie, mit einer Karte,
auf der man liest:
„Alle schicken Blumen vorher,
aber nicht nachher."

In der Stadt

Fast wird noch besiegt der Sonne Strahlen
vom Glänzen der Fenster und Fassaden,
vom Blitzen der Wagen und Prangen der
Farben,
kristallnen Fontänen und Hunderten Tauben.

Die wehenden Tücher sind bunt
oder schwarz mit gelbroten Streifen,
darüber ein schimmernder Glanz
gold, schwarz mit Bändern und Schleifen.

Ganz selten nur sieht man ein weißes
Mit schimmerndem, glänzenden Schwarz,
und meistens fehlen die roten Korallen
und in den Sternen ein Lächeln, ein leises,
und wenn`s einmal da ist, dann oder wann,
dann ist es so bald vorbei, vorbei.

(Juli 1958)

In meinem Herzen fliegen Drachen aus Papier

über halbumgepflügte Stoppelfelder,
und sie zerren an ihrer Schnur,
und sie wollen zu Dir,
meiner dunkelhaarigen Göttin mit den Augen,
die ihr Glück in der Sehnsucht der
Trauernden finden,
meiner Göttin im blauen Kristallpalast;
zu Dir, meiner Göttin im violetten Gewand,
das leise über Deine gläsernen Treppen wallt
und im Berühren einen Klang erzeugt,
wie von Harfen, Gitarren und Geigen
und einer Musik, die einen weinroten Teppich
wirkt,
dessen Muster dich ansieht wie das Wort
Melancholia, mit goldenen Lettern
geschrieben.
Und dort wohnst du allein, ganz alleine,
und deine adlige Gestalt
wallt einsam durch die Hallen,
und nur die Kristalle sind voll, jeder einzelne
von Deiner Gestalt in tausendfältigem
Spiegeln.
Du leuchtest im herbstlichen Himmel,
und Deine Kinder sind die fallenden Blätter,
sie wollen zurück zu Dir.
Die fallenden Blätter, sie fallen in meinem
Herzen, und durch sie hindurch geht die
Schnur,

an der die Drachen ziehen,
die Drachen aus Papier.

Inishgallun

Dumpf heult der Wind von Westen her,
wie Schwefel so gelb, sind die Wolken
schwer
vom Regen; und Wildgänse krächzend
schrei'n
über Schottlands rauem Felsengestein.
Wild klagt der Reiher, der Kormoran
zieht endlos seufzend die ewige Bahn.

Von Westen her heult dumpf der Wind.
Die Wasser hoch springen, ohn' Ruhe sie
sind.
Die Pfützen füllet der rauschende Regen;
mit heftigem Schlag sich die Wogen
bewegen.
Und Reiher und Brachvogel niemals ruhn,
vergeblich zu rufen in Inisgallun.

Es rast die See, die mit zischendem Gischt
und mit dampfendem Nebel die Luft
vermischt.
Im düsteren Schilf ein ängstliches Schrei'n,
in der Heide ein Klagen voll bitterer Pein.
Denn dumpf heult der Wind von Westen her
und die Erde beruhigt sich nimmer mehr.

(Bei diesem Gedicht handelt es sich um die
Übertragung eines Gedichts von Darrell Figgis aus
dem Englischen. 1956)

Inishgallun

By Darrell Figgis

The winds are roaring out of the West
Where the clouds are in stormy saffron drest,
And the curlew and wild-gees are calling and
crying
Over the straits in Inishgallun,
The heron und cormorant wailing and sighing
Mingling a wild and an endless tune.

The winds are roaring out of the West
Over the waters of strife and unrest,
The shrieking rain in the low pools falling,
The strong waves beating a ceaseless rune,
And the heron and curlew and wild-geese
calling,
Vainly lamenting in Inishgallun.

The froth and fume of the maddened sea
Spits thro' the torn air ceaselessly;
And the dark low bog in anguish crying,
And the heather wailing in bitter pain;
For the winds from out of the West are flying,
And the Earth will never find peace again.

(1923)

Kennst du, Liebste, das, weißt du, wie das ist,
wenn deine Seele plötzlich eine
Mondlandschaft,
aus der die Lieb' entwichen,
und wenn dir Arm und Bein wie tote Puppen
sind,
dein Antlitz aber starb
und nur zurückließ noch ein Bündel von
Gewohnheit?

Sag, kennst du das?
Wenn ja, dann laß uns sein ein kalter
Doppelstern, geeint nur durch den gleichen
Namen und die gleiche Kälte!

Letzter Tanz

Komm, Schöne, laß uns tanzen,
tanzen auf den Trümmern meiner Seele,
was tut's, daß im Parkett
die Splitter meiner Liebe liegen,
du weißt's ja nicht,
und meinen Mund
verschlossen deine eignen Augen,
die nur zum Glück
und nicht zur Sorge taugen!

Komm, Schöne, laß uns trinken,
trinken von dem Herzblut meiner Seele,
was tut's denn, daß mein Frohsinn
vom Wahnwitz der Verzweiflung brennt,
du weißt's ja nicht,
und meinen Mund
verschloß mir deiner Lippen Süße,
die nicht geschaffen,
daß im Leid sie büße!

Komm, Schöne, laß zum letzten Mal
mit dir mich glücklich sein,
laß deiner Augensterne Strahl,
laß deiner Sammetlippen Lachen
ein letztes Mal die Qual
ein Stündchen noch versüßen,
um es danach in tausendfachen
Höllengluten abzubüßen,

daß ich der Sterne Gold
für mich, für mich allein gewollt!

(November 1961)

Lüge, Tod und Tränen
und müde, ach, so müde
und Sterneneinsamkeit an Deiner Brust,
Verlangen, eins mit Dir zu sein,
und Liebeleere, große Liebeleere,
die nie zu enden glaubt.

Nacht, du allein bist wahr
und Sehnsucht nach der Fremde,
die neue Einsamkeit gebiert,
ihr beide, du Verzweiflung,
schwarz im Halse steckend,
und deine grüne Schwester, die
betrügerische,
die Tau und Wiesenfrische und Flittergold
seltsam in sich vereint,
ihr beide seid's, die einzig wahren,
die mich wie einen Federball von links nach
rechts und auf und nieder treiben.

Mairegen

Nacht und Regen.
Leise sich bewegen
Schatten dunkler Bäume.
Blaue Tiefe hat sich schon
Zu kaltem Grau geändert;
Auch die süßen, schweren Träume
Sind erwacht vom Pfeifenton,
Der – noch jung – um Häuserecken
schlendert
Und den Duft von violettem Flieder,
Dunkel, voll von Blütenstaub,
Kosend herträgt, um ihn wieder
Gleich darauf mit Lindenlaub
Und nassem Pflaster zu vermischen,
Während dunkle Falter gaukeln
Zwischen feuchtem Blätterschutz,
Jetzt noch weiße Blüten schaukeln,
Dann schon tot zu Boden zischen
Mit den Tropfen in den Schmutz.

(Mai 1958)

Manchmal sitzt in meiner Stirne

Manchmal sitzt in meiner Stirne warmer
Gleichmut,
der die Jahre dutzendweise in der Tasche
trägt
wie kleine Münze, die nicht lohnt zu sparen.
Die Ware, die du auf dem Markt dafür
erhältst,
sind braune Sessel oder kupferfarbene
Tapeten,
ein rostigroter Teppich oder Vorhänge vorm
Fenster,
die vor der Nacht dich und den Sternen
schützen.
Und zu Scheiten reicht es noch, die dir den
Abend heizen,
und in ihrer Glut dich fast den alten Hunger
spüren lassen,
doch auch zu Broten reicht es noch, die dem
Hunger dich entwöhnen, eh' er Raum
gewinnt;
Und später faßt dich Furcht vor ihm, die
bleich
wird, wenn die Schränke leer sind,
und dich mit vollen Bäuchen hinter
neuen Kupferstücken hertreibt.

Masken

Pomphaft rauschen vorbei,
wie aufgeputzte Masken,
die Menschen der Menge.
Und im Gedränge
scheinen die schimmernden Masken
auch golden im Innern zu sein.

Doch lüpfst du ein wenig den Rand
nur des hüllenden Mantels,
dann zittern sie gleich,
werden rot oder bleich,
als ständen sie bloß des Mantels,
von Kälte und Scham übermannt.

Unmöglich ist es daher,
soll auf der Stelle nicht fassen
die eisige Kälte dein zagendes Herze,
den deckenden Vorhang zu lassen,
bevor du entzündest die wärmende Kerze.
Wohlan denn, suche das Holz und das Feuer!

(Oktober 1958)

Meditation

Wie in Erwartung,
ehrfurchtsvoller Scheu
tritt Bücherwelteninhalt
leise, große Bücherwelten,
unauffällig, zehenspitzenleise,
verblassend unversehens,
zurück ins Garnichts,
nicht ins Ferne,
nein, zurück,
zurück ins Nichts,
wie Sand zerrinnend
zwischen losen Fingern
unversehens
ins Nichts.

Und Gegenstände,
Sachen, unbeachtet
sonst, entfalten langsam
erst, dann stärker werdend,
ungeahntes Leben, bis sich
ihr Benehmen plötzlich
bis zu dringender Gebärde steigert,
die sich, schwellend-reifend,
wie ein schwerer Tropfen
nun vom Platze löst
und in flüssig-zähem Zuge
ungestaltig und zugleich
geheimer Ordnung sich verpflichtet,

unaufhörlich drohend
heftig Einlaß sich begehrt,
vorne laut krakeelend
mein Paar ausgezogne Schuhe,
die mit geballtem Starren
ihrer leeren Öffnungen
gewaltig an die Tore
meiner Seele pochen.

Auf springt`s da plötzlich
mit einem Schlag,
der Wucht von zwölfen
und Bedeutungen vereint,
- und all die übermütigen Gebärden
und zugleich der Klang des Schlags
sind vereist auf einmal,
erstarrend in Bedeutungslosigkeit.

Und Stille einen Augenblick.

Und als das Auge sich dann
an den Glanz nur ein wenig gewöhnt,
gewahrt es einen Kosmos
flimmernder Unendlichkeiten
sternenweiter Majestäten
und steht sprachlos da
stumm vor Staunen,
offnen Mundes,
offnen Ohres,
das ein Flimmern, Gleißen

ebenso vernimmt
in Abermillionen Stimmen
von Abermillionen Lebewesen,
deren Zahl Unendlichkeit
sich ihm verdichtet
zu einem einzgen Ton,
der Seele Kosmos`
    Majestät.

Melancholie

Immer, immer wieder
kommst du, tiefe Traurigkeit,
singst mir deine Flötenlieder,
voll von Duft aus Ewigkeit,
mich umhüllend sanft mit schönen
violetten Sphärentönen.

Selten nur, ganz selten
freut mich helles Tagesglück.
Öfter unter Sternenzelten
reut mich Sonnenliebesblick,
der mir heiß das Herz geschwollen.
bis es bald darauf zerschollen.

Drum in deinen Armen
träum` ich, dunkle Schöne du,
und dein Odem voll Erbarmen
haucht mir leis die Augen zu,
und ich werde nur noch lauschen
Windesflüstern, Waldesrauschen.

(Januar 1960)

O denk an mich

O denk an mich, wenn ich gegangen bin,
weit weg gegangen in das stille Land;
wenn du mich nicht mehr hältst an meiner
Hand,
wenn ich beim Abschied traurig von dir ging.

O denk an mich; wenn nicht mehr Tag für
Tag
von unsrer Zukunft mir erzählt dein Mund.
Nur denk an mich; vorbei ist dann die Stund',
wo guter Rat und beten helfen mag.

Doch wenn du mich vergißt für eine Zeit
und nachher dich erinnerst, gräm dich nicht:
Denn wenn aus dunkler Fäulnis dringt ans
Licht
von meinen Worten nur ein einzig Wort
und die Erinnerung dir Schmerz bereit't,
dann laß sie lieber, doch die Tränen wische
fort.

(1956 übertragen aus dem englischen
Gedicht „Remember" von Christina Rosetti)

Remember

Remember me when I am gone away,
Gone far away into the silent land;
When you can no more hold me by the hand,
Nor I half turn to go yet turning stay.
Remember me when no more day by day
You tell me of our future that you plann'd:
Only remember me; you understand
It will be late to counsel then or pray.
Yet if you should forget me for a while
And afterwards remember, do not grieve:
For if the darkness and corruption leave
A vestige of the thoughts that once I had,
Better by far you should forget and smile
Than that you should remember and be sad.

(Christina Rosetti, 1849)

Offner Himmel spannt sperrangelweit
Unter Qualen seine müden Flügel;
Kein Geheimnis und kein Glänzen,
Keine Ferne, keine Grenzen
Bergen sie, kein Zittern und kein Sehnen,
Nur des Augenblicks unendlich Gähnen
Und des leeren Alls gelangweilt Dehnen.

Ist das Ewigkeit, oder rinnt die Zeit,
Herrenlos, mit schlaffem Zügel
Über seichter Tag' und Nächte Hügel
Unbemerkt in Bodenlosigkeit?

(Mai 1960)

Perpetuum immobile

Biedermann hatt' mal an einem
Tag mehr als zwei Gedanken.
Wie groß- ,so dachte Biedermann,
artig, daß ich denken kann,
und dacht' nichts mehr nun – als nur,
daß es noch größer, daß er merkte,
daß er dachte, o wie groß-
artig, daß ich denken kann.
Er tat seither nichts mehr – als nur,
daß er sich freute dann und wann,
daß er merkte, daß er merkte, daß er merkte,
daß er – kann.

(Juli 1960)

Sizilianische Nacht

Endlos neue Wogen branden,
rennen wachsend, stürzen klatschend
ans Gestade sich und sterben jählings,
ohne daß sie Ruhe fanden.

Einmal weicht der Wolkenschleier,
Mondessilber gießt sich über
Romeo und sein heißes Lied,
Wellen spielen ihm die Leier.

Doch ein Windstoß löscht das Licht,
fahl steht nur ein längst gebeugter
Einzelbaum, schaut auf die Flut,
und es scheint, als ob er zähle,
warte auf die letzte Welle,
schaut und zählt und find't sie nicht.

(September 1960)

So tritt denn ein, du Geist der Schwere!
Doch glaub mir, ich war nicht der, der dich
rief.

Die Not tat dir die Riegel auf
und legte meine Zimmer aus
mit dunklem Samt,
daß drauf du deine schwarzen Locken
lagerst.

So kehrst du wieder, den ich einmal liebte,
doch später gerne scheiden sah
und keine Träne weinte seinem Wort,
das sanften Tod in meine Seele pflanzte.
So kehrst du wieder, deinen Samen zu
begießen
Und seine giftgen Blüten zu erwecken.

Sonnenkind

Du kommst aus einer Welt,
die nicht die meine ist,
gehörst nicht zu den Wesen,
die sonst mir Glück verhießen,
die, dunkeläugig und mit
schwarzem Märchenhaar,
als Boten gleichsam mir
des Reichs erschienen,
das als die ferne Heimat stets mir galt,
der ich die Treu zu wahren
hatte durch ein lautes Leben,
die Treue diesem Land der Stille
und des Sanges.

Du bist ein Kind der Sonne,
die mich blendet
und die Augen schließen läßt,
der Sonne, die da dröhnt und lärmt
mit ihren Kindern um die Wette,
der Sonne, deren grelles Licht
die Kanten aller Dinge sichtbar macht.
Du bist ein Kind der Sonne,
trägst auf deinen Lippen das laute
Sonnenlachen,
ein Kind der Sonne....
Seltsam!

Seltsam, war doch unter

allen diesen dunklen Feen nie eine,
die mich so mit Macht ergriff.
Und niemals drehte ich mit einer
mich so im Tanze wie mit dir,
und war noch nie so schmerzhaft glücklich
wie damals, als ich einen
ganzen Abend lang
der Sonne Seligkeit im Arme schwang.

St. Clemens lacht im neuen Kleid,
und bunte Schiffe sputen
sich eilig durch die Fluten.
Phorsythien frisch plus Adelheid
In duftgen Frühlingspluten
Gibt rasende Minuten.

Im Dunst des Domes Silhouette
Läßt edle Gotik ahnen,
und ringsum duften Fahnen
von Bier, Wein, Schnaps und Zigarette.
Links hinten ein paar Trümmer mahnen
Die Glücklichen in Eis und Sahnen.

Die sind entzückt vom Sonnenabend,
genießen schönheitstrunken
und saufen in Spelunken,
an Rausch und Wahn sich labend,
und in den Hut sie tunken
des Bettlers mit geschwollner Brust
die Wirtschaftswunderunken
und taumeln gleich zu neuer Lust.

Traum

Ich träumte heute Nacht von dir:
Zusammen fuhren wir in einem großen
Wagen,
und ich hob feierlich ein feines Kettchen in
die Höh',
das solltest du von nun an immer tragen,
ein einfach Kettchen, dran die Doppelzier
nur von zwei Sternen hing,
die seltsam leuchteten wie Sonn' und Mond.
Mit Worten voller süß Geheimnis,
in denen „Sonn" und „Sterne" klang,
legt' ich um deinen weißen Hals das Kleinod
und küsste dich auf deinen Rosenmund.
Der Wagen rollte, und wir merkten's nicht.

Trug

Sie winkt, ja, winkt, ich kann's nicht fassen,
von ferne mir mit ihrer Hand!
Kann weiter ich mein Schicksal hassen,
da solche Freude mir entbrannt?
Mein Denken ist verwirrt vor Glück!
Kaum schick ich meinen Gruß zurück.
Nimmt sie ihn auf? Ach ja, sie lacht!
Ihr Antlitz glüht in tiefer Liebe.
Den Frühling hat sie mir gebracht.
Daß ewig er doch in mir bliebe!

Entgegen ihr! Doch halt! O weh!
Soeben hebt sie mit Entzücken
Ein schöner Jüngling in die Höh',
um küssend an sich sie zu drücken.
Vorbei! Wie konnte ich nur glauben,
der Herbst bescher' mir süße Trauben
statt abgefallnem, toten Laub,
das sacht mein Herz mit Leid umhüllt,
zwar abhält von der Straße Staub,
doch nie das sehnend Herz mir stillt.

(September 1959)

Verglühend sinkt

Verglühend sinkt der rote Ball hinab;
ein goldner Spiegel in des Hauses Fenster:
er sucht sich dort im fernen Fluß sein Grab,
der badet sich in seinem Kupferfeuer.

Schon bald spielt rosa nur sein Widerschein,
die Glut erkaltet, mischt sich mit der Bläue,
die unaufhaltsam zieht von Ost herein,
bis nur ein lila Band vom ihm noch kündet.

Ein milchig Grau löst leise sich vom Grunde,
geheimnisvoll umhüllend Strauch und Baum;
es legt sich kühlend auf die heiße Wunde
und bettet sanft, was rastlos sich bewegt.

Und stille ruhet Strauch und Haus und Baum.
Des Balles goldner Strahl bekränzte jeden,
doch nun im Grau man sieht sie einzeln
kaum;
es scheint, als müßten sie so ewig ruhn.

(März 1958)

Weißt du, wohin der Weg geht?

Ich kann es dir nicht sagen.
Sterne wandeln ihre ewgen Bahnen
und der Regen rinnt schon wieder
nach den kurzen Somertagen.

Kennst du den andern?
Wer ist der andere? Heute der und morgen
der?
Mit dir selbst sitzt du allein in deinem Zimmer,
und zwischen Tag und Tag
nach kurzen Sommertagen
der Regen rauscht wie eh' und immer.

Sitzt mit dir selbst? Wer ist das, selbst?
Der immer bei dir ist? Wie sieht er aus?
Heut trägt er offne Hemden und morgen
fürchtet er sein Konterfei im Spiegel,
und gestern waren seine Züge hart beim
Beten.
Nur die Sterne wandeln ihre ewgen Bahnen,
und der Regen rinnt schon wieder.

Weihnachten 1959